WIDMUNG

Dieses Buch ist all jenen gewidmet,

die den Weg der Selbstverwirklichung

gewählt haben.

Dieser Band will aufzeigen,

dass der Sinn im eigenen Leben

niemals von außen

bestimmt werden kann,

sondern

der Sinn im eigenen Leben

eröffnet sich

auf dem Weg

der Selbstverwirklichung.

INHALTSVERZEICHNIS

Widmung

Autorin und Copyright Silvia Lackner   August 2018

Einleitung:
SELBSTVERWIRKLICHUNG UND ZEUGEN JEHOVAS

Ich erkläre hier ausdrücklich, dass der gesamte Inhalt dieses Buches ausschließlich meine eigene, persönliche Meinung und Sichtweise beschreibt, zu der ich durch eigenes Erleben, persönliche Beobachtung, logischem Analysieren gelangt bin. Alle daraus gezogenen Schlussfolgerungen und gewonnenen Erkenntnisse, die ich hier wiedergebe, stellen keinen Anspruch auf absolute Richtigkeit dar und enthalten keinerlei Verbindlichkeit. Der Inhalt dieses Buches stellt keine Hetze gegen die Organisation der Zeugen Jehovas und/oder gegen den einzelnen Zeugen dar und ist frei von verleumderischer Absicht und unbegründeten Vermutungen.

Als Zeuge Jehovas befasste ich mich mit vielen Themenbereichen, jedoch niemals mit dem Thema „Selbstverwirklichung". Dieser Begriff wird im Zeugen-Jargon so gut wie nicht verwendet, und wenn doch, dann nur in extrem negativem Kontext, wie ich mich erinnere. Es ist ein Begriff, der für den Zeugen die Zusammenfassung von reiner Selbstsucht, maßlosem Egoismus, Ursache des Sittenverfalls, Anmaßung, Herzlosigkeit, blasphemischer Überheblichkeit, reiner Eigennutz, Gewissenlosigkeit, Selbstgefälligkeit und purer Ignoranz und ist gleichbedeutend mit der Anmeldung zum Todesurteil in der ewigen Vernichtung.

Selbstverwirklichung ist für den Zeugen die Grundlage vieler Ehe- und Familienprobleme, ebenso eine der Wurzeln dieser als „verderbt" und „satanisch" propagierten Welt. Als Zeuge wird man immer wieder und sehr eindringlich vor dem Streben nach Selbstverwirklichung gewarnt, und jemand, der diesen Begriff positiv bewertet, ist sehr schwach im Glauben. Denn Selbstverwirklichung, das Selbst wirksam werden zu lassen, auszuleben, ja überhaupt aufkommen und lebendig werden zu lassen, lässt sich mit den Regeln der Organisation keinesfalls vereinbaren. Viel zu gefährlich wäre es, dabei eventuell besondere Fähigkeiten oder gar Kräfte zu entdecken, viel zu leicht würde der Zeuge sich in einem kleinen Käfig mit sehr eingeschränkter Sichtweise entdecken und dann könnte er ja auf die Idee kommen, seinen Fähigkeiten und Kräften entsprechend zu handeln und aus diesem einengenden System aussteigen. Viel zu gefährlich wäre es auch für die Organisation, wenn der einzelne Zeuge beginnen würde, sich selbst zu vertrauen, sich selbst zu glauben und eigenverantwortlich zu werden. Jeder kann sich ausmalen, was das sowohl für die Mitglieder als auch für die Organisationsleitung bedeuten würde.

Und jeder kann sich selbst von dieser Bedeutungsinterpretation der Zeugen überzeugen: man braucht nur einen Zeugen fragen, was für ihn „Selbstverwirklichung" bedeutet.

Die Selbstverwirklichung als Zeuge Jehovas sieht für den, der es ernst nimmt, so aus, dass er das Bild des idealen Zeugen Jehovas zu erreichen und „zu verwirklichen" sucht, ja dies sogar anstrebt.

(Es gibt zwar auch Mitläufer, die nur in der Organisation sind, weil sie sich nicht trauen auszusteigen oder weil sie jemandem anderen gefallen wollen, aber nicht wirklich selbst überzeugt sind, das sind diejenigen, die ein Doppelleben führen. Die wenigsten dieser Zeugen steht dazu, aber ihrer sind gar nicht so wenige – diese streben nicht so vollkommen danach, das Idealbild zu verkörpern.)

Dass dieses von der Organisation vorgegebene Zeugen-Ideal als falsches „Selbst"-Bild über das ursprünglich, wahre Selbst drübergestülpt wird, ist dem Zeugen ja nicht bewusst, und gerade das macht es so hochwirksam.

Sehen wir uns dieses Idealbild mal an, das jeder Zeuge in kürzester Zeit als sein Selbst wahrnimmt.

Kapitel 1:
SELBSTVERWIRKLICHUNG UND DER IDEALE ZEUGE JEHOVAS

Das Ideal, das jedem Zeugen Jehovas vorgegeben wird, ist ein Mensch, der sein komplettes Selbst an die Organisation abgibt und ihr jegliche Eigenverantwortung abtritt. Der ideale Zeuge Jehovas setzt damit die Organisationsführung, die Leitende Körperschaft, bestehend aus einigen Männern, die in Anspruch nehmen, von Jehova direkt inspiriert zu werden, als die höchste Instanz in seinem Leben ein. Denn die Leitende Körperschaft betrachtet sich als die allereinzigsten auf dieser Erde mit der Fähigkeit und der Berechtigung, den Willen Jehovas zu verstehen und „richtig" zu interpretieren. Kein anderer Mensch könne dies tun, und der normale Durchschnittsmensch hätte sowieso niemals die Geistesgröße, den Willen Jehovas richtig wahrzunehmen, geschweige denn korrekt umzusetzen.

So wurde es mir von Geburt an gelehrt und so lernt es jeder Zeuge Jehovas. Genau genommen ist damit nicht „Jehova" die höchste Instanz eines Zeugen, sondern die Leitende Körperschaft, auch wenn sie ihre Schlussfolgerungen und Ausführungen auf biblische Aussagen stützen. (Ist dem idealen Zeugen das bewusst? In keinem Fall!) Denn eigene Nachforschungen anzustellen ist einem Zeugen nicht erlaubt, diese *müssen bedingungslos* auf die Literatur und auf die Aussagen der Organisation gestützt sein, ansonsten ist er ein Zweifelnder, ein Ketzer oder gar ein Abtrünniger, was rigorosen Ausschluss bedeutet.

Als idealer Zeuge ist man der Organisation gegenüber immer und jederzeit loyal und treu. Bestehende Missverhältnisse werden niemals nach außen getragen, gleich welcher Art diese Missverhältnisse sein mögen, ob es leichte Vergehen oder schwerwiegende Vergehen sind. (Bei sexuellen Übergriffen auf Kinder zB wird dies maximal den Ältesten gemeldet. Diese haben die Anweisung, solche Fälle in keinem Fall zur Anzeige zu bringen bzw. nach außen zu tragen. Es gilt bei der internen Behandlung eines solchen Falles die 2-Zeugen-Regelung, die die Organisation biblisch begründet. Das bedeutet, dass ein Fall nur dann Konsequenzen für den Täter hat, wenn es für diese Tat mindestens einen weiteren Tatzeugen gibt (das Kind gilt nicht als solcher), oder aber der Täter geständig ist. Da beides bei Kindesmissbrauch eher selten der Fall ist (und wenn doch, dann kommt es zu 99,9 % der Fälle mit Tatzeugen zu Falschaussagen des Mittäters), gibt es so gut wie nie Sanktionen für den Täter. Bei geständigem Täter wird dieser ausgeschlossen, einige Zeit später wird er aber, wenn es sein Wunsch ist, wieder in die Gemeinschaft aufgenommen und kann sein Spielchen fortsetzen.)

Der ideale Zeuge Jehovas würde niemals, NIEMALS gegen die Organisation agieren! Tut er's doch, ist ihm sein Ausschluss gewiss.

Das Zeugen-Idealbild kennt keine echten, spontanen Gefühle. Ich rede aus eigener Erfahrung. Laut dem Bibelbuch Jeremia ist das Herz des Menschen verräterisch und ihm ist keinesfalls zu trauen, weshalb es stets vom Verstand behütet im Sinne von „gezügelt" zu werden hat. Der Verstand wird gefüttert von Regeln und Vorgaben der Organisation (die angeblich von „Jehova" geleitet wird, wobei die Leitung der Organisation wiederum interpretiert, wer Jehova wirklich ist und wie das, was er selbst sagt [die Bibel] wirklich zu verstehen ist), und dieser Verstand hat das Herz zu beschneiden an allen Ecken und Enden, wo dies laut Organisationsleitung erforderlich ist.

Deshalb läuft die Aufforderung, Liebe zu leben, für den idealen Zeugen Jehovas in etwa so ab:

Eine Grundforderung der Zeugen Jehovas ist, den Nächsten zu lieben, und als Nachfolger Christi werden sie generell immer wieder angespornt, Liebe zu leben. Was Liebe „wirklich" ist, definiert die Leitung der Organisation bis in alle Einzelheiten, und ebenfalls ist definiert, wie sich echte Liebe anzufühlen hat. Der Zeuge füttert seinen Verstand mit diesen Informationen und befiehlt seinem Herzen, das zu fühlen, was es fühlen soll, um weiterhin in der Gunst Jehovas zu bleiben und nicht vielleicht etwas anderes als es darf zu fühlen.

Wenn das Herz aber dann doch mal etwas anderes fühlt als es vom Kopf aus fühlen dürfte, kommt es zu arger innerer Zerrissenheit und zu argen Schuldgefühlen. Man fühlt sich unwürdig, unwert, überhaupt nicht liebenswert und verachtet seine eigenen Empfindungen und mit der Zeit sich selbst im Gesamten. Das Herz verschließt sich mehr und mehr, so dass man mit der Zeit zu vielen Dingen nichts mehr fühlt.

Es dauert nicht lange, und das Herz des idealen Zeugen Jehovas ist minimalistisch klein geworden. Selbst seinen Mitgläubigen bringt er Liebe aus dem Kopf entgegen, denn er hat verlernt, *echt und spontan* zu fühlen.

Es klingt vielleicht übertrieben und abstrakt. Doch ganz genau so funktioniert der Prozess, ich kann's aus eigener Erfahrung bestätigen und habe es bei vielen, mit denen ich aufgewachsen bin, gesehen und sogar miterlebt.

Der ideale Zeuge Jehovas hinterfragt nichts, was von der Organisation kommt, oder forscht selbst nach, um sich von der Richtigkeit einer Schlussfolgerung oder Aussage zu überzeugen. Die Schlussfolgerungen bestimmter Lehren braucht er auch nicht nachvollziehen zu können, denn er glaubt bedingungslos dem „treuen und verständigen Sklaven" Jehovas, sprich, der Organisation, die von ein paar Männern, die behaupten, direkt von Jehova inspiriert zu sein, geführt wird. Wenn Lehren mit Bibelstellen erklärt werden, die aus dem Zusammenhang gerissenen und neu kombiniert sind, fällt dem idealen Zeugen das nicht auf, denn jedes Wort, jede Silbe, die die Organisation unterbreitet, ist 100 %ig wahr. Immer. Und jederzeit. Das war schon immer so und wird auch immer so sein.

Wenn die Organisation Lehren revidiert, dann ist es nur deshalb, weil das „Licht der Erkenntnis" kleinweise heller wird und der unwürdige Mensch niemals alles, was der große Jehova von sich gibt, verstehen kann. So gibt es immer nur nach und nach grünes Licht für Verständnis, wodurch sich die Lehren natürlicherweise von Zeit zu Zeit verändern. Der ideale Zeuge Jehovas glaubt dieser Argumentation der Organisation Wort für Wort.

Heute scheint es mir in höchstem Maße nicht nachvollziehbar, dass ich auch einmal so dachte, und noch viel weniger, dass ich davon völlig überzeugt war!

Der ideale Zeuge glaubt auch dann alles, was die Organisation sagt, wenn er es mit eigenen Augen anders sieht. Seine Selbstachtung ist so weit gesunken, dass er in solchen Fällen von sich denkt, er kann eben die Dinge niemals so gut verstehen und klar sehen wie der treue und verständige Sklave – und er ignoriert, was er sieht, er weigert sich, es *(für) wahr zu nehmen.* Welch ein Glück für die Organisation!

Als idealer Zeuge folgt er der Aufforderung der Organisation, über die „Wahrheit" BEI JEDER GELEGENHEIT (ob passend oder nicht, ob gewünscht oder nicht etc) zu reden. Dass er oft verspottet und abgelehnt wird, das macht ihm nichts aus, denn er spürt ja schon lange nichts mehr, und wenn doch, dann ist es für ihn nur die Bestätigung, dass es wirklich die „Wahrheit" ist. Denn sagte Jesus nicht selbst, dass seine wahren Jünger von der Welt verspottet und verfolgt werden? Ja, das tat er, und die Organisation interpretiert da noch hinzu, dass genau das einer der Gründe sei, warum die wahre Dienerschaft Jehovas nur unter sich glücklich und zufrieden sein kann.

Wie praktisch das doch ist! Der ideale Zeuge Jehovas braucht selbst niemals über den Tellerrand schauen, denn da draußen ist sowieso alles nur böse und verabscheuungswürdig und vernichtenswert, darum strengt er sich noch mehr an, der IDEALE ZEUGE JEHOVAS zu sein.

All das, was ich hier schreibe, habe ich selbst an mir erlebt und in vielen, vielen Jahren bei anderen gesehen. Ich hatte mit Ältesten selbst und langjährigen, älteren Zeugen viele vertrauliche und sehr persönliche Gespräche, in denen es genau um diese Art Missachtung des Selbst ging. Es war selten – und wenn, dann „inoffiziell" – eine eigene Meinung dabei, sondern es hieß immer, wie gleichgeschaltet: So solltest du denken, so solltest du empfinden und so darfst du/darfst du nicht handeln. Irgendwann hört man auch zu fragen oder zu reden und behält die eigene Meinung für sich. Besonders junge Menschen aber tun sich schwer, mittels Kommunikation mit sich selbst befriedigende Antworten zu finden – so ging's mir zumindest –, und damit hörte ich auch auf zu denken und zu fragen. Die Gleichschaltung funktioniert, und irgendwann zieht sich das echte Selbst dorthin zurück, wo es seine Ruhe hat und still vor sich hinverkümmern kann. Denn etwas anderes habe ich als Zeuge Jehovas mit dem, was ich tatsächlich bin, mit meinen naturbelassenen Fähigkeiten, Anlagen und Begabungen, nicht tun dürfen, zu etwas anderem wurde mir als IDEALER Zeuge Jehovas kein Raum gegeben. Pardon, es ist nicht nur rein die Schuld eines (oder mehrerer) anderen, es ist auch meine „Mitschuld", denn ich war aktiv mit daran beteiligt. Klar, ich wusste es nicht besser, aber Unwissenheit schützt vor den Folgen nicht (das Wort „Strafe" stimmt nicht ganz, es ist immer die Auswirkung oder Folge von einer Tat, die auf einen zurück fällt).

Deshalb sage ich hier mit Bestimmtheit, dass jeder Mensch de facto selbst wählt, ob er ein Zeuge Jehovas ist oder nicht. Ob wissentlich oder unwissentlich ist hier gleich (auch wenn das wie ein Widerspruch wirkt), und ob unter Vorspiegelung falscher Tatsachen oder aufgrund von Versprechungen welcher Art auch immer, und ob er dabei bleibt, obwohl er es in seinem Herzen gar nicht will (aus Angst oder Gefälligkeit zB) oder es nicht tut – es ist seine eigene Wahl. Jeder Mensch hat die freie Wahl für oder gegen sein wahres Selbst, genauso wie er die Wahl hat, ein falsches Selbst zu leben oder eben nicht.

Für den einen oder anderen mag dies verwirrt klingen, aber wer ein bisschen tiefer denkt und auch das *auch wirklich will*, kommt dahinter, wie es läuft.

Als Ex-Zeugin Jehovas erlaube ich mir die zeugen-unkonforme Empfehlung, den Begriff „Selbst-Verwirklichung" von der zeugenhaften Bewertung loszulösen und selbst herauszufinden, was die Verwirklichung, das Wirksam-Werden, des eigenen, wahren Selbst, tatsächlich bedeutet und ist.

Für mich persönlich ist Selbstverwirklichung (freilich nicht im Sinne der Zeugen verstanden) der Weg des *wahren Lebens*, des echten Lebendigseins, des Sich-voll-bewusst-Seins, der echten inneren Erfülltheit aus sich selbst heraus ... sich selbst achtend, wertschätzend, vertrauend und liebend. Das bedeutet SELBST SEIN.

Kapitel 2:
SELBST SEIN

Die allerwenigsten Menschen trauen sich, sie selbst zu sein, ganz gleich, ob man Zeuge Jehovas ist oder ein „Weltmensch". Etikette von Gesellschaft und Religion besteht aus vielen Verboten und viel Versagen, man hat sich einzuschränken, zu reduzieren, zu dezimieren ... und auch wenn das Vorschriftsgebäude bei vielen Religionsorganisationen nicht so gut ineinander greift wie bei den Zeugen Jehovas, ist das Ergebnis bei den allermeisten Menschen doch das gewünschte: man verleugnet sich selbst, man schämt sich für sich selber, hat Angst vor den eigenen Schattenseiten, fürchtet (oder verweigert) Eigenverantwortung und findet immer Schuld bei anderen, leidet gerne, und gerade in Österreich jammert man viel lieber als Impulse für Veränderungen zu setzen.

Glücklicherweise bringt der Zeitgeist in Sachen Selbst wohltuende Wandlung; die Menschen werden sich zunehmend bewusst, dass alles miteinander zusammenhängt und eins das andere beeinfluss. Man wird sich mehr und mehr der kollektiven (Mit-)Verantwortung bewusst, und ebenso der Wichtigkeit der eigenen Individualität. Denn jeder Mensch hat eine individuelle, einzigartige Rolle (oder Aufgabe?) inne, durch die er selbst zur Reife gelangt und durch die er andere in unvergleichlicher Weise berührt, Situationen gestaltet, Ereignisse beeinflusst, Herzkraft erweckt usw. Oftmals geschieht Derartiges unbewusst, und es muss auch gar nicht alles offensichtlich ablaufen; Hauptsache es geschieht.

Deshalb ist es meines Erlebens und meiner Erfahrung nach voll wichtig, dass jeder Mensch wirklich er selbst ist, frei von Manipulation und Indoktrination, frei von fremdauferlegten Zwängen und Einschränkungen. Der Mensch ist ein Herzenswesen, deshalb darf das Herz nicht beschnitten, reduziert, dezimiert werden. Jedes Herz ist einzigartig und unvergleichlich, und ein „unversehrtes" Herz ist nicht eines, das in einen engen Gebots- und Verbotsrahmen gesperrt ist, sondern eines, das erfüllt ist mit Offenheit, Freiheit, mit Lebensenergie, mit Freude und Lebendigkeit (anstatt mit Kleinheit, Minderwertigkeit und Angst), das spontan fühlen und agieren darf, das geben *will* (und nicht muss oder wollen muss).

Die Grundlage für ein solches Herz ist das So-Sein-Dürfen wie man ist, mit selbsterarbeiteten Werten, Würde und Ehre, mit einer einzigen Richtlinie: Liebe. Aber nicht das, was allgemein unter „Liebe" verstanden wird oder wie die Zeugen Jehovas „Liebe" definieren, sondern die echte, hohe Liebe, die alles verbindet, was ist, und *die ist, was sie ist.* Wie das echte, wahre, unverfälschte Selbst, das ist, was es ist.

Das aber wird einem als Zeuge Jehovas total abgesprochen, so war's bei mir und bei allen anderen Zeugen, die ich kenne.

Kapitel 3:
DER ABSPRUCH

Mein Erleben als Zeuge Jehovas (aufgewachsen) und die Methode, mit der auch ich selbst im Heimbibelstudium mit anderen gearbeitet habe (glücklicherweise ist wegen mir kein Mensch Zeuge geworden, zumindest ist mir keiner bekannt), war Folgendes:

Mit gut durchdachten Argumentationen wird vermittelt, dass der Mensch grundsätzlich durch und durch verdorben und todgeweiht (was ganz und gar nicht liebenswert und liebenswürdig) ist, wenn er nicht dies und das tut und dies und das unterlässt. Damit wird schon mal die grundlegende Selbstbestimmtheit und Berechtigung, sich selbst als liebenswert und -würdig zu betrachten, abgesprochen. Darauf aufbauend wird dann in weiterer Folge das Selbstvertrauen untergraben (bisher war die eigene Einstellung für einen selbst fraglos richtig. Jetzt stellt sich heraus, dass sie das offensichtlich doch nicht ist, und wenn die grundlegende Selbstbestimmtheit mit Erfolg negiert wurde, dann taucht die Frage auf, was man denn noch alles bis dato „falsch" geglaubt hat). Selbstzweifel sind gesät, und in den meisten Fällen gehen sie auch ziemlich schnell auf, zumal sie auch gut bewässert werden. Permanent werden die menschlichen Unzulänglichkeiten und die eigentliche Nichtberechtigung zum Leben behandelt, Schuldgefühle werden in Erinnerung gehalten und genährt, Sündhaftigkeit und Bußoptionen werden stark betont. Das Lob bei Erfüllung der geforderten Vorgaben ist besonders groß und nachhaltig, was die Motivation gewährleistet, noch mehr davon zu bekommen. Für viele bedeutet Lob und Anerkennung sehr viel, und wer freiwillig Zeuge Jehovas wird, hat meist sowieso schon ein geschwächtes Selbstwertgefühl und wenig Selbstachtung (das sind meine persönliche Beobachtungen und mein Erleben mit Studierenden und Neugetauften).

Selbstverwirklichung ist damit von Anfang an kein Thema, und wird auch nicht wieder in positiver Weise aufgegriffen, solange man in der Organisation ist, denn über das böse Selbst ist man ja schnell im Bilde ... so wird der Weg zur Selbstverwirklichung abgeschnitten und keinesfalls gefördert, sondern gecuttet. Und das freilich vom Studierenden selbst freiwillig ...

Kapitel 4:
DIE FOLGEN

Die Wirksam-Werdung des eigenen echten Selbst abgesprochen und durch Implantierung eines falschen Ideals ersetzt zu bekommen verzerrt und verdreht völlig die Selbstwahrnehmung. Man gestaltet das Leben nach unwahren Grundannahmen und wundert sich phasenweise, wieso gefühlsmäßig nichts zusammen stimmt. Aber zuordnen kann man's nicht wirklich, dazu fehlt einem der nötige Abstand für Klarheit und Durchblick. Man ist zu dicht dran, zu tief mitten im Geschehen, zu sehr im Strudel des Strebens und zu intensiv ist die ständige Wiederholung der Dogmen und Anforderungen. Durch diesen Druck bleibt keine Luft für Betrachtung aus Distanz, denn es wird darauf geachtet, dass keine Distanz entstehen kann.

Neben körperlichen Auswirkungen (Krankheiten und Beschwerden aufgrund von Druck, Stress, Überforderung und innerlicher Dissonanzen) gibt es vielfach Depressionen, Trägheit und in gar nicht so wenigen Fällen pure Lebensunlust. Ich kenne einige Fälle von Selbstmordversuchen, ich war einer davon. Eine damalige Glaubensschwester versuchte wiederholt, sich in schwerst depressiven Phasen die Pulsadern aufzuschneiden und kam deshalb mehrmals in Spitalsbehandlung. Der ganzen Versammlung war das Problem bekannt, doch außer Gerede hinter ihrem Rücken und boshafte Vermutungen wurde nichts unternommen. Irgendwelche Vermutungen werden in solchen Fällen immer angestellt, aber selten begeben sich diese Zeugen in ernsthafte psychologische Behandlung; Zu groß ist die Schmach für einen Zeugen, mit seinem Leben nicht klar zu kommen. Es ist auch etwas schwierig, mit einem „Immer-glücklich-Gesicht" von Haus zu Haus zu gehen, wenn jemand tiefe Depressionen hat, es spricht nicht für die Organisation, und ein guter Zeuge achtet immer darauf, ein gutes Licht auf die Organisation und die Lehren der Zeugen zu werfen. Ich war ja selbst so einer ... wie unglaublich absurd das heute für mich ist!

Als eine der allerschlimmsten Folgen vom Wegbringen von sich selbst als Zeuge Jehovas habe ich die Nicht-Kommunikation erlebt. Über das eigene Empfinden, wie es einem innerlich wirklich geht, wird nicht gesprochen. Wenn sich jemand einem anderen über oben genannte Empfindungen anvertraut, wird er sofort als glaubensschwach beurteilt (wenn auch nicht ausgesprochen), und in den meisten Fällen wird dieses Gespräch an einen Ältesten des persönlichen Vertrauens weitergegeben. Es ist kein Tratschen in dem Sinn, sondern das Folgen der Aufforderung, immer ein Auge auf die Glaubensbrüder zu haben, um denen beistehen zu können, die im Begriff sind „zu straucheln" oder die im Glauben schwach werden könnten, ohne es selbst zu merken. Es mögen zwar gute Beweggründe des einzelnen zugrunde liegen, dennoch ist es im Endeffekt Kontrolle größten Ausmaßes. Denn eigene, unabhängige Gedanken in welcher Sache gibt es zu keinem Bereich, denn alles Denken, Fühlen und Handeln wird mit der Anbetung Jehovas und dem Dienst in seiner Organisation in Verbindung gebracht. In allen Versammlungen, in denen ich war, hat diese Art „Zusammenhalt" super funktioniert. Mit der Zeit lernt man als Zeuge, eine Art Maske zu tragen: man zeigt sich dem anderen so wie man sein soll, so wie es von einem erwartet wird, und alles andere versteckt man, größtenteils auch vor sich selbst. Denn was nicht sein darf will man auch nicht sehen ...

So unglaublich es auch klingen mag, als Zeuge Jehovas kann man so weit von sich selbst entfernt sein, so sehr „neben sich stehen", dass diese Art von Lebensführung Jahrzehntelang möglich ist, ohne zusammen zu brechen oder so schwere psychische Störungen zu bekommen, dass es auffällig wird. Ein echtes Lebendigsein ist dabei aber definitiv nicht zu verspüren, bei mir war dies ganz konkret so. Als Hineingeborene hatte ich aber auch keine Vergleichsmöglichkeiten, wie es sich wirklich anfühlt, mich durch und durch lebendig zu fühlen. Es wird alles definiert, wie sich das „glücklichsein" anfühlt (anzufühlen hat), dass man nur wirklich lebensfreudig sein kann, wenn man Jehova gehorcht und ihm dient (also wieder, wie es sich anzufühlen hat), aber die Definition wie sich etwas anfühlen soll, ist noch lange nicht das, wie es sich wirklich anfühlt. Aber das echte Fühlen ist ja etwas, das ein Zeuge Jehovas eigentlich schwer kann, denn das, was ich als Zeuge fühlte, habe ich immer sofort abgeglichen, ob es auch mit dem, wie es definiert ist, übereinstimmt. Wenn nicht (was oft der Fall war), habe ich mein Gefühl den Vorgaben entsprechend korrigiert. Heute weiß ich, dass ich damals immer aus dem Gefühl rausgegangen bin und nicht mehr wirklich gefühlt, sondern nur noch gedacht habe ... es ist schwierig zu erklären, man muss es glaube ich selbst erlebt haben, damit so etwas Abstruses nachvollziehbar wird.

Überhaupt echt fühlen zu können war sehr, sehr schwierig, und teilweise ertappe ich mich heute noch dabei, mein Fühlen zu erdenken. Es wird eben tief eingeprägt.

Noch einmal erwähne ich hier, dass es nicht ausschließlich die Schuld bzw. die Verantwortung des bzw. der anderen (zB der Organisation) ist, sondern man selbst ja auch aktiv beteiligt war/ist. Denn jeder Mensch hat zu jeder Zeit die Möglichkeit zu wählen, ob er dies so beibehalten möchte oder nicht. Zwar scheint es bei Kindern diese Wahl nicht zu geben, aber auch das stimmt nur bis zu einem gewissen Grad. Denn innerlich, in ihrem Herzen, entscheiden sehr wohl auch Kinder sich dafür oder dagegen, auch wenn ihre Entscheidung erst später sichtbar wird. In meinem Fall habe ich meine Kinder traurigerweise wirklich gedrillt, die allerbesten Ideal-Zeugen zu werden, und trotzdem ihr Vater, mein damaliger Ehemann, mitgedrillt hat, haben sich beide für ihre Freiheit entschieden. Mit 14 darf sich ein Jugendlicher in Österreich in Sachen Religion frei entscheiden, und sie haben ihre Entscheidung kundgetan. Zu meiner größten Freude, darf ich sagen, und so oft ich daran denke, freue ich mich über ihre Entscheidung mit ihnen.

Aussteiger sind oft voller Groll der Organisation gegenüber, weil sie sich von ihr manipuliert, benutzt, betrogen, belogen, ausgenutzt, ausgelaugt und sogar zerstört fühlen. Ich kenne das sehr gut, ich habe zu ihnen gehört. Doch bin ich zu einer Erkenntnis gelangt, die ich hier gerne wiedergeben möchte, denn einerseits fördert diese Sichtweise den inneren Frieden und das Abschließen mit Vergangenem und andererseits hilft es unter Umständen, sich vom zeugentypischen Opferbewusstsein zu lösen.

Die Erkenntnis ist ganz einfach formuliert: „Es ist wie es ist – mach was draus!" Das möchte ich gerne näher erklären:

Kapitel 5:
ES IST WIE ES IST – MACH WAS DRAUS!

Viele Ex-Zeugen Jehovas sind zwar glücklich, aus der Organisation draußen zu sein, hadern aber ziemlich arg mit dem, was sie in der Organisation erlebt haben. Hatte ich ehrlich gestanden auch, bis ich merkte, dass es absolut nichts bringt. Zwar ist es wichtig, all die angestauten Emotionen wie Wut, Trauer, die Verletztheit, den Groll und den Verlust und alles, was da hochkommt nach dem Ausstieg, ernst zu nehmen und hochkommen zu lassen, um es verarbeiten zu können, aber was absolut nicht gut tut, ist, im Groll und Hadern hängen zu bleiben. Es ist nun mal geschehen, was geschehen ist, man selbst war dabei und hat aktiv mitgemacht. Und egal, wie lange jemand dabei war, wie intensiv sich jemand auf die Zeugen eingelassen hat, wie sehr er sein Leben danach ausgerichtet hat, wie viele Opfer er gebracht hat, welche Art von Entbehrungen damit verbunden waren und, und, und ... es *ist nun mal geschehen und kann nicht rückgängig gemacht werden!*

Deshalb: *es ist wie es ist – mach was draus!* Viel konstruktiver, befreiender und auch heilender ist es, Resümee zu ziehen: wo stehe ich jetzt? Wo will ich hin? Was ist für mich zu tun, um dorthin zu gelangen? Was kann ich tun, damit es mir gut geht? Was hilft mir, das Geschehene völlig hinter mir zu lassen und mich auf das zu konzentrieren, was wesentlich, förderlich und positiv ist? Sich vorzustellen, was einem dabei helfen könnte, das Geschehene gut zu verarbeiten und damit in Frieden zu kommen kann sehr hilfreich sein. Ich stellt mir zB vor, wie es wäre, über meine Geschichte ein Buch zu schreiben, das jeder, der es will, lesen könnte. Wie würde es mir dabei gehen? Es fühlte sich befreiend an, auch ein bisschen „gerecht" (ich wurde so oft beurteilt und für schrullig, komisch usw befunden, ohne dass ich das auch nur irgendwie erklären konnte. Mit einem Buch wäre das großteils erklärt, und ich gestehe, ich habe es in erster Linie für mich selbst geschrieben. Bei diesen Büchern ist es anders, ich bin mir in der Zwischenzeit sicher, dass das Verständnis über Selbstachtung, Selbstwert, Selbstvertrauen, Selbstliebe und Selbstverwirklichung jemandem, der die Organisation der Zeugen Jehovas verlässt, sehr hilfreich sein kann.). Auf jeden Fall begebe ich mich mit dieser Aktion aus dem (auch zeugentypischen) Selbstmitleid heraus, nehme die Situation in die Hand und ändere sie aktiv – und es fühlt sich wirklich gut an!

Deshalb: es ist wie es ist, das muss aber keinesfalls so bleiben. Also, mach was draus!

Kapitel 6:
SELBSTVERWIRKLICHUNG IST ABSOLUTE EIGENVERANTWOR-TUNG

Jemand, der das, was er wirklich ist, völlig auslebt, so frei wie möglich von fremden Meinungen und üblichen Anschauungen, entscheidet selbst, was für ihn richtig und wichtig ist. Er hat seine eigenen Wertigkeiten, seine selbst erarbeitete Ethik und kreiert seinem Verständnis der Dinge und dem Gefühl seines Herzens entsprechend sein Leben.

Da ein solcher Mensch seinen eigenen Wert kennt, seine Grenzen kennt, weiß, was und wohin er will, braucht er keinen Guru oder jemandem, der ihm sagt, was „gut" ist und was nicht. In gesundem Selbstvertrauen setzt er seine Fähigkeiten ein, um sich in dem, was er ursprünglich ist, sozusagen „der Welt zu schenken" und zu tun, was er tun muss, um sich glücklich, erfüllt und wohl zu fühlen.

Solche Menschen wirken auf andere oft echt schrullig, meist völlig verrückt und total „unüblich". Aber genau das macht den Unterschied, denn die Menschen sind nicht gleich. Jeder hat ganz individuelle und einzigartige Fähigkeiten und Eigenschaften, und die Kombination aller Aspekte eines Menschen machen ihn zu einem unvergleichlichen und unverwechselbaren Individuum, das es tatsächlich in dieser Form nur ein allereinziges Mal in diesem Universum gibt.

Einen selbstverwirklichten Menschen zeichnet aus, dass er in absoluter Eigenverantwortung lebt. Das hat nichts mit Egoismus oder Selbstzentriertheit zu tun, sondern ganz das Gegenteil. Ein solcher Mensch gibt nämlich nicht anderen die Schuld für einen Umstand, eine Situation oder ein Ereignis, sondern erkennt seine eigene Mitwirkung dabei.

Der selbstverwirklichte Mensch ist sich völlig bewusst, wer er ist. Er weiß (aus eigenem Erleben heraus, nicht weil er die Meinung jemandes anderen übernommen hat), dass er in Wahrheit reines Bewusstsein ist, das sich zurzeit eben in vermenschlichter Form auf der Erde aufhält. Er kennt seine Fähigkeit und Macht, als reines Bewusstsein schöpferisch tätig zu sein, also sich seine Welt, seine Umstände, selbst zu kreieren (durch entsprechende Einstellung, Gefühle und Emotionen, durch fokussiertes Agieren usw, er kennt auch seine Werkzeuge, wie das funktioniert). Er ist insofern natürlicherweise spirituell, als dass er sich voll bewusst ist, dass „Geist Realität schafft", und diesem entsprechend setzt er seinen Geist so ein, dass das gewünschte Ergebnis – seinem Wesen entsprechend – realisiert wird.

Ein selbstrealisierter, selbstverwirklichter Mensch ist kein Opfer, grundsätzlich nicht. Auch wenn er sich in Umständen wiederfindet, die für ihn unangenehm sind oder gar seinem Herzen schmerzen, bleibt er immer bei sich selbst (findet sich nicht neben sich oder steigt sozusagen aus sich selbst heraus und flüchtet. Das ist eine für Zeugen Jehovas und Ex-Zeugen gängige (und unbewusste) Weise, mit Schwierigkeiten umzugehen. Bei einem Traumaerlebnis spaltet sich das Bewusstsein entsprechend, damit das Erlebte im Rahmen der Erträglichkeit bleibt. Es werden nur Teile des Erlebten *wahr*genommen, alles andere verabschiedet sich sozusagen mit dem abgespaltenen Teil, weil es der Mensch sonst nicht aushalten könnte. Die bis zur Absolutheit erfolgte Selbstaufgabe bei Zeugen Jehovas (selbst erlebt!) ist traumatisch, besonders für Hineingeborene, die sich keine eigene Stabilität erarbeiten können, und sie sind es gewohnt, neben sich zu stehen. Viele kennen gar kein anderes Gefühl, als „außerhalb von sich selbst" zu sein.). Der selbstverwirklichte Mensch aber kennt sein Gefühlsleben, flüchtet nicht vor als unangenehm empfundenen Gefühlen oder Emotionen, fürchtet sich davor nicht und hat keine unbewussten Vermeidungsstrategien (wie es Zeugen und Ex-Zeugen massenweise haben!) Ein solcher akzeptiert sich selbst in 100 %ig allen Bereichen und Aspekten seines Wesens, weil er selten bewertet. Er akzeptiert was Sache ist, stellt sich dem und verändert es entsprechend seinen Werten und Zielen. Denn das kann der Mensch an sich, und der selbstverwirklichte Mensch ist sich dessen voll bewusst.

Spätestens jetzt ist glasklar, weshalb man als Zeuge Jehovas die SELBSTVERWIRKLICHUNG strikt abzulehnen hat ...

Kapitel 7:
WIRKUNG IM KOLLEKTIV

Ein Mensch, der in seinem SELBST wirksam ist, ist sich seiner Bedeutung sowohl als Einzelner als auch im Kollektiv bewusst. Ihm ist klar, dass alles mit allem jederzeit verbunden ist und dass alles einander beeinflusst – ob das sichtbar ist oder nicht. Deshalb ist es so wertvoll, wenn der Mensch sich seiner selbst voll bewusst wird und seinem wahren Wesen entsprechend lebt. Er kommuniziert dadurch auf allen vorhandenen Ebenen mit seiner Umgebung (es gibt ja nicht nur die eine sichtbare, in der der Mensch und alles Stoffliche sich befinden, und die eine geistige, in der sich die Geistwesen befinden, sondern einige andere mehr, aber das lernt ein Zeuge Jehovas niemals), setzt Impulse bei anderen und erhält selbst solche. Je selbstsicherer und selbstbewusster ein Mensch ist, desto klarer kann er solche Impulse zuordnen und desto stabiler ist er bei sich und kann aus sich selbst heraus agieren. Was ihn stets führt dabei, ist sein Herz, das lässt er sich niemals einengen, reduzieren, denunzieren und auch von niemandem die eigene Herzenskraft stehlen oder gar ins Gegenteil umkehren (wie ich es als Zeuge Jehovas erlebt habe). Und ein Mensch, der selbstverwirklicht lebt, weiß, wie wichtig es für das Kollektiv ist, anderen dabei zu helfen, ihr Selbst ebenfalls klar zu erkennen und zu verwirklichen. Dieser wiederum beeinflusst seine Umgebung ebenfalls in Richtung Selbstverwirklichung, und so leistet jedes selbstverwirklichte Bewusstsein einen unendlich wertvollen Beitrag zur Befreiung der Herzenskraft des einzelnen in unserer Gesellschaft. **Und was brauchen wir als Menschheit mehr als selbstrealisiertes Bewusstsein, das** (andere nicht manipuliert und ihnen Lebenskraft stiehlt, sondern) **anderen zeigt, wie *jeder selbst* in seine volle Kraft kommt und sein wunderbares SELBST zur vollendeten Blüte bringen kann?**

DAS ist für mich echter Dienst am Leben, denn der Mensch ist keinesfalls unscheinbar und klein, sondern machtvoll und wirksam! Wir sind das komplette Gegenteil von dem, was uns von klein an eingeredet wurde. Wir brauchen ja nur in uns selbst hineinzufühlen, was sich stimmiger anfühlt, und dem eigenen Gefühl des Herzens folgen. Das Herz führt uns nämlich immer zum Ziel, aber das *eigene, freie* Herz. Deshalb kann ich nur *von ganzem Herzen* empfehlen, jegliche fremdbestimmten Betrachtens- und Empfindungsfilter zu deinstallieren und sich voll und ganz *für die Selbstverwirklichung* zu entscheiden ♥ ☺

EPILOG

Mit diesem Band endet die Betrachtung der Selbstverwirklichung aus der Sichtweise als Zeuge Jehovas bzw. als Ex-Zeuge Jehovas heraus. Das Ziel dieser Buchreihe ist, den einzelnen zu ermutigen, sich ganz bewusst auf den Weg der Selbstverwirklichung zu begeben. Zwar erlebe ich grundsätzlich jeden Menschen auf „seinem eigenen Weg", jedoch erlebe ich viele auch in Angst vor dem eigenen Selbst. Als ehemalige Zeugin Jehovas kenne ich dieses Gefühl sehr, sehr gut, und es erfordert eine Menge an Wagemut, Überwindung und in vielen Bereichen die Bereitschaft, durch die absolute Hölle zu gehen (die sich zu 100 % als überhaupt nicht so schrecklich wie vorgestellt erwiesen hat, aber leider erst im Nachhinein). Aber genau genommen ist es gleich, ob jemand ein Zeuge Jehovas, ein Ex-Zeuge ist oder sich an einer anderen Glaubensrichtung orientiert. Geprägt wurden wir alle in dieser Gesellschaft mit dem Gedankengut, klein und unbedeutend zu sein, immer jemandem im Außen zu benötigen, der uns sagt, was „richtig" und was „falsch" ist und am allerbesten gar nicht mehr selbst zu denken, geschweige denn zu entscheiden, sondern immer brav und fleißig zu arbeiten, viel zu kaufen, sich an Brot und Spielen zu erfreuen und zu lernen damit zufrieden zu sein. Mehr Sinn im Leben gäbe es wohl nicht, wird uns weisgemacht, man soll froh sein, dass grade nicht Krieg oder Hunger herrscht und einfach das Beste aus dem machen was grade ist. Der letzte Teil stimmt, aber glücklicherweise sagt unser Herz uns mehr, es sagt, was wirklich Sache ist. Und das ist niemals ein Sinn, der von außen vorgegeben wird, sondern immer nur das, was das eigene Herz als Sinn erkennt. Meines Erlebens nach und meiner Erfahrung nach als Hineingeborene in die Organisation der Zeugen Jehovas eröffnet sich der Sinn im eigenen Leben auf dem Weg zur Selbstverwirklichung. So habe ich es aber auch bei vielen anderen erlebt auf meiner Reise zu mir selbst, und gerade diese anderen Erfahrungen haben mir immer wieder Mut gemacht, Bekanntes und Vertrautes aufzugeben, über die eigenen Grenzen hinaus zu schauen und zu gehen, auch wenn niemand anderer das je verstehen konnte (oft ich selbst auch nicht). Dennoch war es *immer* die richtige Entscheidung, denn gerade diese Entscheidungen haben mich sozusagen zur nächsten „Station" auf meinem Weg gebracht.

Heute bin ich in der Lage, den Weg zur Selbstverwirklichung klar beschreiben zu können. Ja, es ist *mein Weg*, es ist *meine Art* der Vergangenheitsbewältigung und Aufarbeitung von Geschehenem, und es ist aus *meiner ganz persönlichen Perspektive heraus* betrachtet und beschrieben. Doch mag es aufgrund der Gleichschaltung als Zeuge Jehovas durchaus sein, dass meine persönliche Betrachtensweise dem einen oder anderen Ex-Zeugen auf seinem eigenen Weg eine Hilfe ist, denn gewisse Stationen sind nach dem Ausstieg aus dieser Organisation bei allen Aussteigern gleich.

Aber auch für Menschen, die die gesellschaftliche Bevormundung und Individualitätsenteignung satt haben, mag eine Betrachtung der grundlegenden Komponenten des Menschseins wie Selbstachtung, Selbstwert, Selbstvertrauen, Selbstliebe und Selbstverwirklichung wertvolle Erkenntnisse auf ihrem eigenen Weg sein.

Ich glaube immer noch an die Menschlichkeit und daran, dass es wichtig ist, Qualitäten wie Herzlichkeit, Miteinander und Füreinander zu fördern. Der Beste Weg ist wie immer, bei sich selbst zu beginnen und die eigenen Erfahrungen mit anderen zu teilen. Denn würde jeder Mensch genau wissen, wer er wirklich ist, was er besonders gut kann und wofür sein Herz schlägt, sähe unsere Welt anders aus. In diesem Sinne ist diese Buchreihe ein Beitrag dazu, das Edle, Schöne und Gute am Menschsein zu fördern und daran zu erinnern, was im Leben wirklich wichtig ist: Herzqualitäten.

Auf Deinem Weg zur Selbstverwirklichung in all seinen Facetten wünsche ich Dir, liebe Leserin, lieber Leser, wunderbare Erlebnisse und herzerfrischende Erfolge ♥

Herstellung und Verlag:
BoD - Books on Demand, Norderstedt

ISBN 9-783752-887440